LEY BIT

Y

LEY DE CREACIÓN DEL FIDEICOMISO BITCOIN (EL SALVADOR)

ASAMBLEA LEGISLATIVA

PARACELSO

Asamblea Legislativa

Ley Bitcoin y Ley de Creación del Fideicomiso Bitcoin (El Salvador). Tapachula: Paracelso, 2021.

15.24 × 22.86 cm – (Acervos Jurídicos)

Contacto editorial.paracelso@gmail.com

EDICIÓN GLOBAL

Tabla de contenido

LEY BITCOIN

Nueva Ley aprobada el 8 de junio de 2021

COMISIÓN FINANCIERA

San Salvador, 08 de junio de 2021

**Señores Secretarios
de la Honorable Junta
Directiva**

Presente

DICTAMEN No.3 FAVORABLE

La Comisión Financiera, se refiere al expediente número 73-6-2021-1, que contiene iniciativa del Presidente de la República, por medio de la Ministra de Economía, en el sentido se emita la Ley Bitcoin.

Sobre el particular, esta Comisión procede a exponer al Honorable Pleno Legislativo, de conformidad al siguiente orden: I. Antecedentes. II. Ventajas del Uso del Bitcoin. III. Del Decreto Presentado.

I. ANTECEDENTES.

El Bitcoin es una moneda virtual que constituye un medio de intercambio electrónico, que, como cualquier divisa, sirve para adquirir productos y servicios, consiste en una secuencia alfanumérica legible para las personas, las cuales se asocian a un monedero virtual, el cual descuenta y recibe pagos.

Para poder hacer un intercambio a través de bitcoin se utiliza un sistema en el que cada usuario tiene una clave criptográfica, y este sistema que se conoce en inglés como "peer to peer" (P2P) permite descontar la cantidad de bitcoin a quien compra, y aumentar la cantidad de bitcoin de la cuenta de quien vende, por lo que es una transferencia como tal.

Actualmente el mercado del Bitcoin representa alrededor de 680 mil millones de dólares, permitiendo a El Salvador ser el primer país en el mundo en el cual dicha moneda tendrá curso legal, poniéndolo a Ja vanguardia en el uso de las tecnologías así como del crecimiento económico.

II. VENTAJAS DEL USO DEL BITCOIN.

Existen muchas referencias sobre las ventajas que tiene el uso del Bitcoin como medio de pago. Entre las ventajas que se pueden mencionar, se encuentran las siguientes:

a) **Es una moneda global**: genera una apertura inmediata a la economía global, ya que se puede utilizar en todo el mundo, independientemente de las barreras geográficas.

b) **Es una moneda divisible**: actualmente se pueden utilizar varios decimales de la misma, teniendo como referencia su equivalente en dólares.

c) **Transacciones en tiempo real**: las transacciones realizadas mediante las diferentes aplicaciones con las que opera el bitcoin, suceden de inmediato, dando seguridad tanto al vendedor y al comprador del bien o servicio adquirido, entre otras ventajas.

Aunado a lo anterior, esta moneda virtual no está regulada por ningún tipo de organización gubernamental, como puede ser el Estado, bancos, instituciones financieras o empresas. Tales aspectos permiten utilizarlas en cualquier parte del mundo, lo que es fundamental en el mundo globalizado que vivimos y en el que El Salvador desea ser referente.

Se considera que es imposible la falsificación o duplicación de las criptomonedas debido a su combinación de técnicas criptográficas probadas, puesto que cada persona cuenta con unas claves criptográficas que son necesarias para realizar cualquier tipo de operación digital.

Dado que Bitcoin es una moneda virtual e intangible, invertir en esta trae enormes beneficios. Se conoce incluso como la moneda de Internet. Ello permite optimizar los procesos de pago, con la ventaja que no existe una autoridad central o intermediario, lo que puede representar miles de dólares de ahorro en el pago de comisiones que se aplican por ejemplo a las remesas de los salvadoreños que viven en el exterior, que ascienden a seis mil millones de dólares.

Bajo ese contexto, el bitcoin puede constituir un instrumento financiero de inversión que sirva de apalancamiento o negociación para diferentes inversiones y adecuarse a distintos perfiles de inversionistas, lo que hará crecer nuestro mercado de valores y financiero, lo que en definitiva será una de los elementos que permitirán el verdadero desarrollo económico de El Salvador

Ahora bien, efectuar transacciones con bitcoin no es una situación ajena a la realidad salvadoreña, ya que como hecho público y notorio se ha conocido a través de distintos medios de comunicación tanto tradicionales -radio y televisióny a través de plataformas digitales, la experiencia de los habitantes de la Playa El Zonte en el departamento de La Libertad, para quienes el uso del Bitcoin ha representado un mecanismo idóneo y efectivo para llevar a cabo actividades comerciales, generando empleos e ingresos para los habitantes de la zona.

II. DEL DECRETO PRESENTADO (sic).

El proyecto de decreto presentado, se refiere a la obligación del Estado de fomentar y proteger la iniciativa privada, generando las condiciones necesarias para acrecentar la riqueza nacional en beneficio del mayor número de habitantes.

Señala, que por años, Un alto porcentaje de nuestra población no ha tenido acceso formal a servicios financieros tradicionales, lo que ha aumentado la exclusión financiera impidiendo que los sectores más desprovistos no tengan acceso a productos financieros que les permitan mejorar su calidad de vida. En ese sentido, el Estado está en la obligación de facilitar la inclusión financiera de sus ciudadanos con el fin de garantizar sus derechos y permitir el acceso a un desarrollo personal de los salvadoreños, y del país en general.

Que es necesario que El Salvador se prepare de forma efectiva a la cuarta revolución digital, siendo pionero en el uso de nuevos mecanismos que permitan el desarrollo pleno de los salvadoreños, es así que se hace necesario autorizar el bitcoin como una moneda digital que obedece a criterios de libre mercado, a fin de acrecentar la riqueza nacional en beneficio del mayor número de habitantes, por lo tanto, es necesario dotar a nuestro país de un marco legal que garantice la legal circulación de dicha moneda en nuestro país.

Sobre la base de las consideraciones expresadas, esta Comisión acuerda emitir DICTAMEN FAVORABLE, que se hace del conocimiento del Honorable Pleno Legislativo, para los efectos legales consiguientes junto con el respectivo proyecto de decreto.

DIOS UNION LIBERTAD

Dania Abigail González Rauda, Presidenta; **Caleb Neftalí Navarro Rivera**, Secretario; **William Eulises Soriano Herrera**, Relator; **Aronette Rebeca Mencía Díaz**, Héctor Enrique Sales Salguero, José Bladimir Barahona Hernández, Carlos Armando Reyes Ramos, Yolanda Anabel Belloso de Carranza, Romeo Alexander Auerbach, Vocales

DECRETO No.

LA ASAMBLEA LEGISLATIVA DE LA REPÚBLICA DE EL SALVADOR,

CONSIDERANDO:

I. Que de conformidad al artículo 102 de la Constitución de la República, el Estado está en la obligación de fomentar y proteger la iniciativa privada, generando las condiciones necesarias para acrecentar la riqueza nacional en beneficio del mayor número de habitantes.

II. Que bajo el Decreto Legislativo n.° 201, del 30 de noviembre del año 2000, publicado en el Diario Oficial n.° 241, Tomo 349, de fecha 22 de diciembre de 2000, se adoptó el dólar de los Estados Unidos de América como moneda de curso legal.

III. Que aproximadamente el setenta por ciento de la población no cuenta con acceso a servicios financieros tradicionales.

IV. Que es obligación del Estado facilitar la inclusión financiera de sus ciudadanos con el fin de garantizar en mejor manera sus derechos.

V. Que con el objetivo de impulsar el crecimiento económico del país, se hace necesario autorizar la circulación de una moneda digital cuyo valor obedezca exclusivamente a criterios de libre mercado, a fin de acrecentar la riqueza nacional en beneficio del mayor número de habitantes.

VI. Que conforme a los considerandos anteriores es indispensable emitir las reglas básicas que regularán el curso legal del bitcoin.

POR TANTO,

en uso de sus facultades constitucionales y a iniciativa del presidente de la República, por medio de la ministra de Economía.

DECRETA la siguiente:

LEY BITCOIN

CAPÍTULO I. DISPOSICIONES GENERALES

Artículo. 1. La presente ley tiene como objeto la regulación del bitcoin como moneda de curso legal, irrestricto con poder liberatorio, ilimitado en cualquier transacción y a cualquier título que las personas naturales o jurídicas públicas o privadas requieran realizar.

Lo mencionado en el inciso anterior es sin perjuicio de la aplicación de la Ley de Integración Monetaria.

Artículo. 2. El tipo de cambio entre el bitcoin y el dólar de los Estados Unidos de América en adelante dólar, será establecido libremente por el mercado.

Artículo. 3. Todo precio podrá ser expresado en bitcoin.

Artículo. 4. Todas las contribuciones tributarias podrán ser pagadas en bitcoin.

Artículo. 5. Los intercambios en bitcoin no estarán sujetos a impuestos sobre las ganancias de capital al igual que cualquier moneda de curso legal.

Artículo. 6. Para fines contables, se utilizará el dólar como moneda de referencia.

Artículo. 7. Todo agente económico deberá aceptar bitcoin como forma de pago cuando así le sea ofrecido por quien adquiere un bien o servicio.

Artículo. 8. Sin perjuicio del accionar del sector privado, el Estado proveerá alternativas que permitan al usuario llevar a cabo transacciones en bitcoin, así como contar con convertibilidad automática e instantánea de bitcoin a dólar en caso que lo desee. El Estado promoverá la capacitación y mecanismos necesarios para que la población pueda acceder a transacciones en bitcoin.

Artículo. 9. Las limitaciones y funcionamiento de las alternativas de conversión automática e instantánea de bitcoin a dólar provistas por el Estado serán especificadas en el Reglamento que al efecto se emita.

Artículo. 10. El Órgano Ejecutivo creará la estructura institucional necesaria a efectos de aplicación de la presente ley

CAPÍTULO II. DISPOSICIONES FINALES Y TRANSITORIAS

Artículo. 11. El Banco Central de Reserva y la Superintendencia del Sistema Financiero emitirán la normativa correspondiente dentro del periodo mencionado en el artículo 16 de la presente ley.

Artículo. 12. Quedan excluidos de la obligación expresada en el artículo 7 de la presente ley, quienes por hecho notorio y de manera evidente no tengan acceso a las tecnologías que permitan ejecutar transacciones en bitcoin. El Estado promoverá la capacitación y mecanismos necesarios para que la población pueda acceder a transacciones en bitcoin.

Artículo. 13. Todas las obligaciones en dinero expresadas en dólares, existentes con anterioridad a la vigencia de la presente ley, podrán ser pagadas en bitcoin.

Artículo. 14. Antes de la entrada en vigencia de esta ley, el Estado garantizará, a través de la creación de un fideicomiso en el Banco de Desarrollo de El Salvador BANDESAL, la convertibilidad automática e instantánea de bitcoin a dólar de las alternativas provistas por el Estado mencionadas en el artículo 8 de la presente ley.

Artículo. 15. La presente ley tendrá carácter especial en su aplicación respecto de otras leyes que regulen la materia, quedando derogada cualquier disposición que la contraríe.

Artículo. 16. El presente decreto entrará en vigencia noventa días después de su publicación en el Diario Oficial.

DADO EN EL SALON AZÚL DEL PALACIO LEGISLATIVO: San Salvador, a los ocho días del mes de junio del año dos mil veintiuno.

ERNESTO ALFREDO CASTRO ALDANA, PRESIDENTE, **SUECY BEVERLEY CALLEJAS ESTRADA**, PRIMERA VICEPRESIDENTA, **RODRIGO JAVIER AYALA CLAROS**, SEGUNDO VICEPRESIDENTE, **GUILLERMO ANTONIO GALLEGOS NAVARRETE**, TERCER VICEPRESIDENTE, **ELISA MARCELA ROSALES RAMÍREZ**, PRIMERA SECRETARIA, **NUMAN**

POMPILIO SALGADO GARCÍA, SEGUNDO SE-CRETARIO, **JOSÉ SERAFÍN ORANTES RODRI-GUEZ**, TERCER SECRETARIO, **REINALDO AL-CIDES CARBALLO CARBALLO**, CUARTO SE-CRETARIO.

LEY DE CREACIÓN DEL FIDEICOMISO BITCOIN

DECRETO No. 137

LA ASAMBLEA LEGISLATIVA DE LA REPÚBLICA DE EL SALVADOR,

CONSIDERANDO:

I. Que el artículo 101 de la Constitución de la República, establece que el Estado promoverá el desarrollo económico y social.

II. Que por Decreto Legislativo No. 57, de fecha 8 de junio de 2021, publicado en el Diario Oficial No. 110, Tomo No. 431, del 9 del mismo mes y año, se emitió la Ley Bitcoin, la cual en su artículo 14 establece que el Estado garantizará a través de la creación de un fideicomiso en el Banco de Desarrollo de la República de El Salvador (BANDESAL), la convertibilidad automática e instantánea del Bitcoin a dólar de los Estados Unidos de América por medio de alternativas provistas por el Estado en el artículo 8 de dicha ley.

III. Que de conformidad al artículo 4, literal p), de la Ley del Banco de Desarrollo de la República de El Salvador, BANDESAL podrá invertir y participar en instrumentos y mecanismos financieros, tales como fideicomisos, ya sea con sus propios recursos o con aportes realizados con terceros, siempre y cuando se cumplan con los objetivos del Banco.

IV. Que con la aprobación de la Ley Bitcoin, es necesario que las instituciones del Estado promuevan el desarrollo de entidades que operen con dicha moneda de curso legal y puedan ofrecer servicios financieros ágiles, competitivos e inclusivos haciendo uso de éste.

V. Que la fiducia ha demostrado ser una herramienta legal, útil y transparente para llevar a cabo determinadas tareas encomendadas al Fiduciario.

POR TANTO,

en uso de sus facultades constitucionales y a iniciativa del Presidente de la República, por medio de la Ministra de Economía.

DECRETA la siguiente:

LEY DE CREACIÓN DEL FIDEICOMISO BITCOIN

Objeto de la Ley

Artículo 1. La presente ley tiene por objeto la constitución y regulación del funcionamiento del Fideicomiso Bitcoin, el cual podrá abreviarse "FIDEBITCOIN", o "El Fideicomiso".

El presente Fideicomiso, en razón de que se constituye en favor del Estado y Gobierno de El Salvador, a través de los usuarios de la billetera digital estatal (wallet), se constituirá para un plazo indeterminado, a partir de la vigencia de esta ley, y tendrá como finalidad respaldar financieramente las alternativas que el Estado provea, sin perjuicio de iniciativas privadas, que permitan al usuario llevar a cabo la convertibilidad automática e instantánea del Bitcoin a dólar de los Estados Unidos de América en el caso que así lo desee el usuario dentro de una billetera digital estatal

El Fideicomiso por medio del Fiduciario, tendrá entre otras, la responsabilidad de administrar los bienes y valores Fideicomitidos, todo de conformidad a las instrucciones que deba emitir el Consejo de Administración regulado por esta ley, en adelante "el Consejo", y lo que al efecto disponga el Código de Comercio y la Ley Bitcoin.

Términos

Artículo. 2. Para efectos de la presente ley, los términos que se indican a continuación tienen el significado siguiente:

a) Agente administrador: para efectos de esta ley, se constituirá como agente administrador la entidad pública, quien realiza las funciones de administración, gestión y uso de los fondos para cumplir el objeto del Fideicomiso, de acuerdo a las instrucciones del Fiduciario.

b) Banco Central: Banco Central de Reserva de El Salvador.

c) BANDESAL: Banco de Desarrollo de la República de El Salvador, quien en el contenido de la presente ley se desempeñará como Fiduciario del Fideicomiso que se está constituyendo.

d) Billetera Digital Estatal (wallet): es un aplicativo dentro de una plataforma tecnológica para convertir, almacenar, enviar y recibir bitcoins y dólares y viceversa.

e) Bitcoin: tipo de criptomoneda que utiliza la tecnología Blockchain, y moneda de curso legal en El Salvador, según la Ley Bitcoin.

f) Convertibilidad: se refiere a la acción de convertir de forma instantánea y automática de Bitcoin a dólares y viceversa, de conformidad al valor de mercado en el momento en el que se realice la operación, por medio de la billetera digital estatal.

g) Casa de Intercambio Digital o Exchange: Casa de intercambio de Bitcoin a dólares de los Estados Unidos de América, constituida como Sociedad Anónima autorizada por la Superintendencia del Sistema Financiero, cuya actividad habitual es la compra y venta de Bitcoin a través de una plataforma electrónica o aplicaciones informáticas o sitio web a los precios que determine la oferta y la demanda del mercado.

h) Dólares: se refieren a dólares de los Estados Unidos de América.

i) Superintendencia: Superintendencia del Sistema Financiero.

Constitución del Fideicomiso

Artículo. 3. La constitución del Fideicomiso se formalizará por escritura pública que deberá inscribirse en el Registro de Comercio. La inscripción de la escritura de constitución, sus modificaciones o su liquidación no causará ningún arancel, tasa o derecho de registro.

Al otorgamiento de la escritura pública de constitución o modificaciones del Fideicomiso, comparecerá como Fideicomitente el Estado y Gobierno de El Salvador, por medio del Ministro de Economía o el funcionario que éste designe; como Fiduciario, el Banco de Desarrollo de la República de El Salvador "BANDESAL", por medio de su representante legal, y el Fideicomisario, el Estado de El Salvador, a través de los usuarios de la billetera digital estatal.

BANDESAL, en su calidad de Fiduciario y administrador del Fideicomiso, tendrá las plenas facultades de gestión incluidas las que para tal efecto establece el Código de Comercio, y podrá contratar en un tercero como agente administrador. Los activos, obligaciones y resultados financieros del Fideicomiso serán reflejados en la contabilidad del referido Fideicomiso. Cualquier resultado financiero derivado de las operaciones del Fideicomiso, no afectarán el patrimonio y ninguna cuenta de los estados financieros de las instituciones participantes en su administración.

El Ministerio de Hacienda queda facultado para realizar la transferencia de los recursos necesarios y suficientes al Fideicomiso, a través de BANDESAL, con el propósito de garantizar la convertibilidad automática e instantánea del Bitcoin a dólar de los Estados Unidos de América, esta transferencia podrá realizarse por el monto total, a que se refiere el Artículo. 4 de la presente ley o por medio de transferencias parciales hasta completar el monto total de recursos de su capital o patrimonio constitutivo.

Bienes Fideicomitidos

Artículo. 4. El Fideicomiso se constituirá inicialmente con los recursos que le transfiera el Ministerio de Hacienda, hasta por el valor de CIENTO CINCUENTA MILLONES DE DÓLARES DE LOS ESTADOS UNIDOS DE AMÉRICA (US$150,000,000.00), y este patrimonio podrá fortalecerse, a través de la incorporación de otros recursos, generados por la ejecución de las operaciones que se realicen durante su existencia.

Además, lo conformarán, todos los activos, derechos y resultados obtenidos durante la operación del Fideicomiso y que, por su naturaleza, se constituyan en parte de su patrimonio, tales como:

a) Los fondos captados por la emisión de títulos valores.

b) Intereses por inversiones.

c) Ingresos o pérdidas derivadas de las operaciones del Fideicomiso.

d) Los valores adquiridos en cualquier momento durante la existencia del Fideicomiso.

e) Cualquier otro fondo, bien, o activo de cualquier naturaleza que ingresen a formar parte del patrimonio del Fideicomiso, por cualquier modo de adquirir.

Para efectos de la presente ley, siendo el Fideicomiso un fondo de afectación independiente del patrimonio del Fiduciario, se entenderá que el patrimonio propio de la institución fiduciaria no responderá de ninguna manera por las obligaciones y operaciones del Fideicomiso, así como tampoco lo hará el agente administrador del Fideicomiso, si fuera el caso.

No será necesaria la emisión de un Decreto Legislativo, cuando el incremento del patrimonio del Fideicomiso, se materialice como consecuencia de resultados positivos generados en sus operaciones, en este caso el patrimonio se tendrá incrementado con los registros contables que evidencien esta condición.

Facultad Especial

Artículo. 5. El Fideicomiso queda plenamente facultado, para realizar operaciones de captación de recursos, así como para la emisión y colocación de títulos valores de crédito, en mercados nacionales e internacionales.

A fin de cumplir con la facultad concedida en esta disposición se faculta al Consejo de Administración para que, en colaboración con el Fiduciario, proceda a adoptar y ejecutar las acciones y medidas necesarias e indispensables para cumplir con esta potestad.

Obligaciones del Fideicomitente

Artículo. 6. Serán obligaciones del Fideicomitente:

a) Constituir el Fideicomiso de conformidad a las disposiciones de esta ley, al Código de Comercio y demás leyes que resulten aplicables, en lo que no contraríen la presente ley.

b) Participar dentro del Consejo de Administración del Fideicomiso.

c) Mantener los fondos en una cuenta de depósito en dólares en el Banco Central, sin que con ello se limite las facultades dispuestas en el Artículo. 11 literales a) y e).

d) Gestionar de conformidad a la ley, cualquier información que el Fiduciario necesite para la realización de los fines y objetivos del Fideicomiso.

Consejo de Administración

Artículo. 7. Se crea el Consejo de Administración para la dirección y supervisión de las actividades del Fideicomiso, el cual estará conformado por:

a) Un Director Presidente propietario designado por el Ministro de Hacienda.

b) Un Director propietario designado por el Ministro de Economía.

c) Un Director propietario designado por el Secretario de Comercio e Inversiones.

Cada Director Propietario tendrá un suplente nombrado de la misma manera que el propietario.

BANDESAL, en su calidad de Fiduciario designará un representante que participará con voz, pero sin voto en las reuniones del Consejo de Administración.

Las decisiones del Consejo de Administración se adoptarán por mayoría simple.

Los Directores Propietarios y Suplentes durarán en su cargo un período de cinco años.

Funciones y Atribuciones del Consejo de Administración

Artículo. 8. Son funciones y atribuciones del Consejo de Administración, las siguientes:

a) Aprobar las políticas y medidas para garantizar la sostenibilidad financiera del Fideicomiso.

b) Autorizar el pago de cualquier servicio necesario para la operación del Fideicomiso.

c) Aprobar los mecanismos óptimos para realizar la liquidación de los costos de conversión de bitcoins a dólares y viceversa.

d) Aprobar el Reglamento Interno de Funcionamiento del Consejo de Administración.

e) Aprobar la normativa financiera, operativa y de inversiones del Fideicomiso.

f) Aprobar el Reglamento y el Manual de Procesos y Procedimientos para canalizar los recursos destinados para cumplir el objeto del Fideicomiso.

g) Velar porque ingresen oportunamente al Fideicomiso los recursos que por esta ley le corresponden.

h) Asegurar que la administración de los recursos Fideicomitidos sea consistente con el cumplimiento de las finalidades y objetivos del Fideicomiso.

i) Autorizar la suscripción de convenios, contratos o mandatos especiales o generales que celebre el Fideicomiso y que sirvan para alcanzar los objetivos de este.

j) Aprobar la política de captación de recursos y las operaciones que sean consecuencia de esta.

k) Aprobar la contratación de los auditores externos.

l) Recibir reportes del Fiduciario sobre las actividades del Fideicomiso.

m) Autorizar la designación del agente administrador del Fideicomiso, cuando así se requiera; quien tendrá las mismas funciones, atribuciones y responsabilidades que el Fiduciario, que en ningún caso podrá ser el regulador y supervisor del sistema financiero.

n) Determinar los límites a los pagos o desembolsos, y gastos que el Agente Administrador podrá realizar sin la aprobación del Consejo.

o) Aprobar el Plan Anual de Gastos de Funcionamiento del Fideicomiso con cargo a los fondos Fideicomitidos, el cual deberá incluir, entre otros, los costos y gastos operativos necesarios para su funcionamiento; así como los gastos extraordinarios causados por la volatilidad que debido a la naturaleza del Fideicomiso se presenten en el cumplimiento de sus objetivos fundacionales.

p) Otras funciones de control interno y administrativo que se requieran para el funcionamiento del Fideicomiso.

El Consejo de Administración decidirá sobre cualquier otro aspecto que no esté contemplado dentro de la presente ley.

Reuniones del Consejo de Administración

Artículo. 9. Los miembros del Consejo de Administración se reunirán ordinariamente de forma trimestral, y extraordinariamente cuando se considere necesario a convocatoria del Presidente del Consejo, a petición del Fiduciario o del agente administrador de los fondos del Fideicomiso; la sesión implicará la asistencia de todos sus miembros, debiendo levantar asistencia y acta de la reunión; también podrán asistir los miembros suplentes a las reuniones, quienes tendrán derecho a voto solamente cuando sustituyan a su propietario.

Funciones del Fiduciario

Artículo. 10. BANDESAL, como Fiduciario y administrador del Fideicomiso será el responsable de los fondos que le sean transferidos por el Ministerio de Hacienda y de los que estén dentro de los bienes Fideicomitidos, de acuerdo con lo aprobado por el Consejo de Administración y según lo establecido en la Ley Bitcoin y en la presente ley.

Obligaciones del Fiduciario

Artículo. 11. Son obligaciones del Fiduciario:

a) Elaborar y presentar para aprobación del Consejo de Administración, las políticas, normativa financiera, operativa y de inversiones del Fideicomiso.

b) Elaborar y presentar para aprobación del Consejo de Administración, el Reglamento y el Manual de Proceso y Procedimiento para dar cumplimiento al objeto del Fideicomiso.

c) Abrir las cuentas y suscribir los contratos con el Banco Central, entidades públicas o privadas, nacionales o extranjeras que sean necesarias para el funcionamiento del Fideicomiso.

d) Suscribir convenios con otras instituciones que sean necesarias para el funcionamiento del Fideicomiso.

e) Invertir, conforme a los acuerdos e instrucciones emitidos por el Consejo de Administración, los recursos líquidos y excedentes del Fideicomiso.

f) Mantener cuentas y registros contables separados de la contabilidad del Fiduciario para el manejo de los recursos del Fideicomiso.

g) Preparar los estados financieros e informes relacionados con el cumplimiento de los objetivos del Fideicomiso.

h) Elaborar un informe operativo trimestral y remitirlo al Fideicomitente y a los miembros del Consejo de Administración.

i) En caso de ser necesario, para realizar los objetivos a que se refiere el artículo 1 de la presente ley, podrá otorgar y firmar cualquier clase de contrato o convenio, siempre y cuando sea autorizado por el Consejo de Administración.

j) Someter a autorización del Consejo de Administración el presupuesto anual del Fideicomiso.

k) Someter a autorización del Consejo de Administración la selección de los auditores externos del Fideicomiso, para su respectiva contratación.

l) Remitir al Fideicomitente los Estados Financieros del Fideicomiso correspondientes al cierre de cada ejercicio fiscal y los Informes de Auditoría que se realicen.

m) Destinar los recursos necesarios e indispensables para el cumplimiento de los fines del Fideicomiso, en lo que a la administración se requiere dentro de los límites impuestos por el consejo.

n) Ejercer todos los derechos y acciones administrativas y judiciales que se requieran para el cumplimiento y defensa del Fideicomiso.

o) Realizar los actos jurídicos que sean necesarios y complementarios para la consecución de los fines del Fideicomiso.

p) Todas las demás establecidas en la Ley Bitcoin, la presente ley, las demás leyes aplicables que no la contraríen, las que se establezcan en la escritura de constitución del Fideicomiso y los acuerdos que emanen del Consejo de Administración.

Operatividad del Fideicomiso

Artículo. 12. BANDESAL, el agente administrador de los fondos del Fideicomiso que se designe, el Ministerio de Hacienda o el Ministerio de Economía, establecerán lo siguiente:

a) Medios e infraestructura física y tecnológica necesaria para la ejecución de transacciones de conversión entre bitcoins y dólares y viceversa.

b) Otros que se consideren necesarios conforme a la operatividad de los usos y administración de los fondos del Fideicomiso.

Para la adquisición de los bienes y servicios citados en el inciso anterior, se deberá establecer los criterios de selección mínimos que deberán cumplir los proveedores de estos, tales como: gobernanza y gestión de riesgos, seguridad de la información, prevención del lavado de dinero y de activos, financiamiento al terrorismo y proliferación de armas de destrucción masiva, entre otros.

Facúltase al Ministerio de Hacienda para que, a través del mecanismo y modalidad que defina pueda realizar la transferencia de los montos necesarios correspondientes al bono o incentivo, que se otorgará a las personas usuarias de la billetera digital.

Tratamiento tributario aplicable al Fideicomiso

Artículo. 13. Por su naturaleza, declárase al Fideicomiso exento del pago del impuesto sobre la renta y del impuesto a la transferencia de bienes muebles y a la prestación de servicios, no obstante, deberá cumplir con las obligaciones formales respectivas.

Auditoría Externa

Artículo. 14. El Fideicomiso deberá contar con una firma de auditoría externa, financiera y de gestión, debidamente registrada en la Superintendencia y en el Registro de Auditores que para tal efecto lleva la Corte de Cuentas de la República.

Fiscalización del Fideicomiso

Artículo. 15. Sin perjuicio del artículo anterior, la Corte de Cuentas de la República, deberá fiscalizar el Fideicomiso en virtud de tratarse de fondos públicos.

Transparencia

Artículo. 16. El Consejo de Administración del Fideicomiso deberá publicar, a través de la página web de BANDESAL, las normativas aprobadas para el funcionamiento del Fideicomiso.

Artículo. 17. Los bienes y servicios que sea necesario contratar para la operatividad del Fideicomiso, serán considerados servicios bancarios y financieros para los efectos de la Ley de Adquisiciones y Contrataciones de la Administración Pública.

Especialidad de la Ley

Artículo. 18. La presente ley, por su carácter especial, prevalecerá sobre cualquier otra que la contradiga.

En todo lo no previsto en la presente ley, se aplicará supletoriamente la Ley Bitcoin, el Código de Comercio y demás leyes en materia mercantil y en su defecto, las normas del derecho común, siempre que no contraríen lo regulado en la presente ley.

Vigencia

Artículo. 19. El presente decreto entrará en vigencia el día de su publicación en el Diario Oficial.

DADO EN EL SALÓN AZUL DEL PALACIO LEGISLATIVO: San Salvador, a los treinta y un días del mes de agosto del año dos mil veintiuno.

ERNESTO ALFREDO CASTRO ALDANA, PRESIDENTE. **SUECY BEVERLEY CALLEJAS ESTRADA**, PRIMERA VICEPRESIDENTA. RODRIGO **JAVIER AYALA CLAROS**, SEGUNDO VICEPRESIDENTE. **GUILLERMO ANTONIO GALLEGOS NAVARRETE**, TERCER VICEPRESIDENTE. **ELISA MARCELA ROSALES RAMÍREZ**, PRIMERA SECRETARIA. **NUMAN POMPILIO SALGADO GARCÍA**, SEGUNDO SECRETARIO. **JOSÉ SERAFÍN ORANTES RODRÍGUEZ**, TERCER SECRETARIO. **REINALDO ALCIDES CARBALLO CARBALLO**, CUARTO SECRETARIO.

CASA PRESIDENCIAL: San Salvador, a los treinta y un días del mes de agosto de dos mil veintiuno.

PUBLÍQUESE,

Nayib Armando Bukele Ortez,
Presidente de la República.
María Luisa Hayem Brevé,
Ministra de Economía.

D. O. N° 165

Tomo N° 432

Fecha: 31 de agosto de 2021.

Made in the USA
Monee, IL
28 September 2021